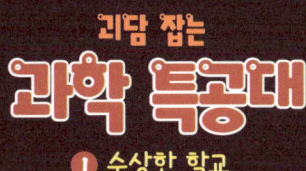

김수주 기획 · 조인하 글 · 나오미양 그림

산하

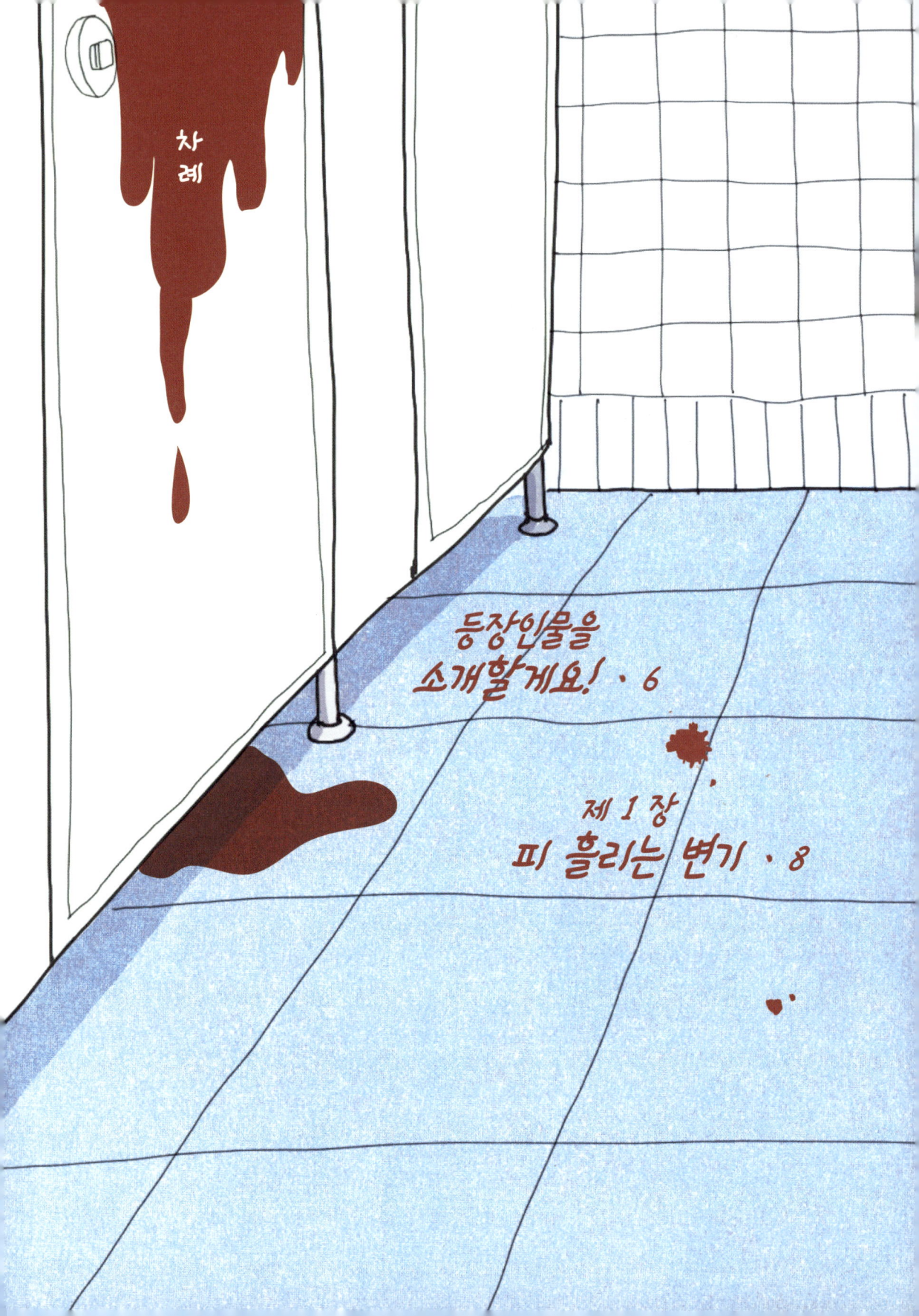

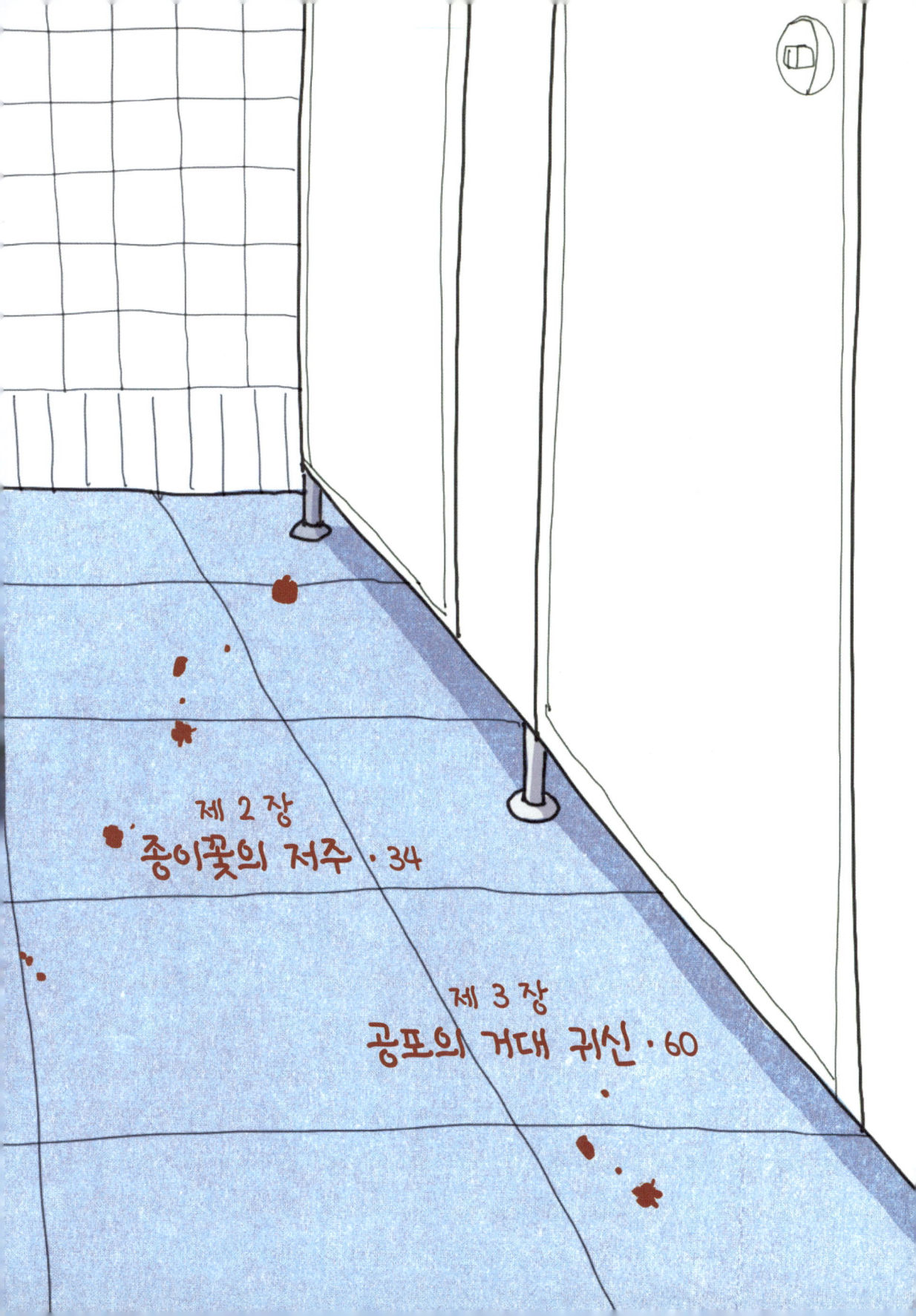

등장인물을 소개할게요!

나수재 과학적 재능이 뛰어난 데다, 논리적이고 이성적이어서 세상의 모든 현상은 과학으로 풀 수 있다고 믿어요. 당연히 귀신은 믿지 않지요. 활달한 성격이지만 의외로 작은 벌레만 봐도 기겁을 해서 별명이 '졸보'예요. 마술에 관심이 많아 가방 속에 늘 과학 마술 상자를 넣고 다니며 아이들에게 마술을 보여 주어 유명해졌어요. 괴담을 과학으로 밝혀낼 때마다 "이 세상일은 모두 과학으로 설명할 수 있어!"라고 외치지요.

부당해 박기담과 같은 유치원을 다녔고, 현재는 박기담과 같은 학원에 다니는 친구예요. 키가 작고 조용한 성격의 소유자이지요. 장심술과 최일진의 표적이 되어 괴롭힘을 당하는 아이들 중 한 명이에요.

박기담 유치원 다닐 때부터 나수재와 붙어 다니는 단짝 친구예요. 나수재와 학교도 같고, 반도 같지요. 취미가 공포 영화와 공포 체험 너튜브 시청인 공포 마니아예요. 세상의 온갖 기이한 미스터리를 다 믿으며, 귀신의 존재도 철석같이 믿어요. 괴상한 일이 생길 때마다 "귀신이 곡할 노릇이야."라고 말해서 별명이 '귀곡소녀'지요. 태권도를 잘해서인지 담력도 세고, 겁도 없어요.

장심술, 최일진 나수재와 박기담의 옆반 아이들이에요. 덩치가 크고 힘이 세다는 이유로 친구들을 괴롭히지요. 하지만 공부를 잘하는 데다 선생님이나 어른들 앞에서는 엄청 말을 잘 듣는 모범생처럼 행동해서, 어른들은 이 사실을 알지 못해요. 그러던 중 학교에서 일어난 괴이한 일의 표적이 되어 공포스러운 나날을 보내게 돼요.

제 1 장
피 흘리는 변기

　박기담이 왁자지껄 떠드는 소리로 소란스러운 교실 문을 열고 들어서자, 나수재가 냉큼 달려오며 노래를 부르기 시작했어요.
　"생일 축하합니다. 생일 축하합니다. 사랑하는 박기담! 생일 축하합니다."
　노래를 끝낸 나수재는 박기담이 자리에 앉자 빙글거리며 말을 붙였어요.
　"너의 열 번째 생일을 진심으로 축하한다. 드디어 너도 십 대 청소년이 되었구나. 아하하!"
　"훗, 고마워. 근데 올해도 선물이 마술……? 아냐, 됐어."
　박기담은 작게 한숨을 쉬며 헛웃음을 지었어요.

"됐다니 무슨 소리야? 올해는 너의 열 번째 생일을 맞이하여 아주 특별한 마술 선물을 준비했단 말이야. 내가 연습하느라 한 달을 고생했다니까. 두두두둥. 자, 기대하시라!"

나수재가 과학 마술 상자에서 마술봉과 모자를 꺼내며 들뜬 목소리로 말했어요. 그러자 반 아이들이 호기심에 하나둘 나수재와 박기담 주변으로 몰려들었지요.

"수리수리마수리~ 얍!"

나수재가 주문과 함께 마술봉을 모자 속에 넣었다 뺐어요. 그랬더니 모자 속에서 마술봉을 따라 종이로 만든 장미꽃 한 송이가 불쑥 나오는 것이 아니겠어요?

"우아!"

나수재의 신기한 마술 솜씨에 반 아이들은 소리를 지르며 경탄의 눈빛을 보냈어요. 나수재는 우아한 동작으로 장미꽃을 박기담에게 내밀며 말했지요.

"자! 생일 선물이야."

"오, 멋진데? 정말 고마워."

하지만 말과 달리 박기담의 표정은 심드렁했어요. 박기담은 속으로 이런 생각을 하고 있었기 때문이에요.

'세상에. 쟤는 지금 내가 억지로 웃는 걸 정말 모르나? 어떻게 유치원 때부터 변함없이 생일 선물로 마술만 보여 줄 수가 있냐고. 이깟 종이로 만든 장미꽃이 무슨 생일 선물이야? 다른 선물을 기대했던 내가 바보지.'

한편, 나수재는 박기담의 얼굴을 보며 이렇게 생각했어요.

'오호! 반 아이들이 질투할까 봐, 겉으로는 기쁜 내색을 전혀 하지 않는걸? 그러나 입꼬리가 씰룩거리는 걸 보니 올해도 내 선물이 마음에 든 모양이야. 자석의 같은 극끼리 갖다 대면 서로 밀어내고 다른 극끼리 갖다 대면 서로 달라붙는 원리를 이용한 간단한 마술인데, 저렇게 감동하다니 보람이 있네.'

나수재의 머릿속에 그동안의 과정이 스쳐 지나갔어요.

'내가 마술봉과 장미꽃 봉오리에 각각 다른 극의 자석을 눈에 안 띄게 붙이느라 얼마나 고생했는데……. 게다가 마술봉을 모자 속에 넣었다 뺄 때 장미꽃이 자연스럽게 딸려 나오게 하려고 피나게 연습했다고. 후훗! 하여튼 올해도 박기담 최고의

생일 선물이 되겠는걸?'

나수재와 박기담이 각자 딴생각에 빠져 있던 그때였어요. 2반의 정소문이 교실 뒷문에서 둘에게 밖으로 나오라고 손짓했어요.

"무슨 일이야? 이제 곧 수업 시작할 텐데······."

나수재의 떨떠름한 말투에 정소문이 나지막이 속삭였어요.

"지금 우리 반 난리 났어. 우리 반이 쓰는 화장실에서 도저히 믿을 수 없는 일이 일어났거든."

"도저히 믿을 수 없는 일? 뭔데? 빨리 얘기해 봐."

박기담이 두 눈을 빛내며 물었어요.

"너희, 우리 반의 박유난이라고 알지?"

"2반에서 가장 부지런하다는 애?"

나수재의 대답에 정소문은 고개를 끄덕이며 말을 이었어요.

"응, 걔가 오늘 아침 화장실에서 소변을 보고 물을 내렸는데, 물이 피처럼 빨갛게 변했다는 거야. 믿겨? 하지만 박유난이 거짓말할 애는 아니거든. 그래서 지금 교실 전체가 들썩거리고 있어. 흐유, 피 흘리는 변기라니······. 생각만 해도 소름이 쫙 돋아."

"뭐? 피 흘리는 변기? 귀신의 장난이 틀림없네. 박유난 걔 진짜 부럽다! 귀신의 장난을 직접 본 거 아냐. 도대체 왜 우리 반이 쓰는 화장실에서는 아무 일도 안 일어날까?"

부러워하던 박기담이 불만이라는 듯 입을 쑥 내밀었어요. 나수재는 그 모습을 보고 황당하다는 표정을 지었어요.

"넌 툭하면 귀신 타령이더라. 근데 정소문, 이해가 안 되긴 해. 어떻게 갑자기 변기 물이 피처럼 빨갛게 변했다는 거야?"

"글쎄, 나도 자세히는 모르지. 박유난은 변기 물이 빨갛게 변한 것을 보고 깜짝 놀라서 정신없이 밖으로 뛰쳐나왔대. 그때 마침 보안관 아저씨가 지나가시길래 그 사실을 말씀드렸는데, 이상한 일은 그다음이야."

"이상한 일이라니?"

박기담이 흥미진진한 얼굴로 물었어요.

"보안관 아저씨가 박유난이랑 바로 화장실로 들어가서 변기를 살펴보셨는데, 아무 이상이 없더라는 거지."

"헉! 귀신이 곡할 노릇이네. 얘기 끝났지?"

박기담은 당장이라도 화장실에 달려갈 기세였어요. 정소문은 마른침을 꼴깍 삼키며 말을 이었지요.

"아직 안 끝났어. 지금 우리 반 아이들은 박유난의 피 흘리는 변기 얘기가 우리 학교의 괴담과 똑같다며 쑤군거린다고."

"괴담? 우리 학교에도 전해지는 괴담이 있어? 뭔데?"

나수재의 눈이 왕방울만 해지며 목소리가 커졌어요. 정소문은 쉬 하고 입술에 손가락을 대며 속닥거렸어요.

"지금으로부터 30년 전의 이야기야. 우리 학교에 어떤 아이가 있었는데, 병치레가 잦아 학교를 다닐 수가 없었대. 그런데 그 아이는 몹시 학교에 가고 싶어서 비가 오는데도 무리해서 학교에 왔다지? 하지만 무리한 탓인지 그만 화장실에서 쓰러져 피를 토하고 죽고 말았대. 그 아이가 피를 토하고 죽은 자리가 바로 우리 반이 쓰는 화장실 자리라는 거지. 그래서 비가 오는 날이면 그 아이의 원통함 때문에 가끔 변기에서 피가 흐른대."

"와, 정말 우리 학교 괴담과 박유난의 얘기가 똑같네. 너튜브에서만 보던 일이 드디어 우리 학교에서도 일어난 거야!"

흥분한 박기담이 침을 튀기며 소리쳤어요.

"허, 그것참, 너희는 그 얘길 믿어? 다 근거 없는 헛소문일 뿐이라고."

나수재가 냉정한 목소리로 딱 잘라 말했어요. 그러자 박기담이 무심한 눈길로 나수재를 바라보며 대꾸했어요.

"그럼, 누구 말이 옳은지 나랑 같이 조사해 보면 되겠네."

그리고 박기담은 한쪽 입꼬리를 올리며 덧붙였어요.

"혹시 무서우면 그만두고."

나수재는 그 말에 발끈하며 큰소리를 쳤어요.

"무, 무섭긴, 누가 무섭대? 알았어. 그러지, 뭐. 너랑 같이 조사하는 게 썩 내키지는 않지만, 나도 진실이 궁금하거든."

박기담은 나수재 몰래 회심의 미소를 지었어요.

'앗싸, 역시 걸려들었어! 혼자 가기는 쪼금 무서웠는데. 화장실의 피 흘리는 변기 영상을 찍어서 인별에 올리면 팔로워가 팍팍 늘겠지? 신난다!'

한편 박기담에게 큰소리를 친 나수재는 후회막심이었어요.

'괜히 같이 한다고 했나? 무서운 건 딱 질색인데……. 에이, 모르겠다. 이왕 이렇게 된 거, 진실이 뭔지 반드시 밝혀내겠어!'

방과 후, 나수재와 박기담은 아이들이 모두 집에 간 다음 몰래 문제의 화장실로 숨어들었어요. 나수재는 화장실의 구석구석을 살피며 모든 화장실의 변기 물을 내려 보았지요. 하지만 변기 물에는 아무 변화도 없었답니다. 괴담 영상을 찍을 욕심에 부산스럽게 스마트폰을 들이대던 박기담이 풀 죽은 목소리로 중얼거렸어요.

"거참, 귀신이 곡할 노릇이네."

"이제 속이 시원하냐? 박유난이 뭔가 착각했나 본데, 귀신은 무슨 귀신! 하여튼 넌 괴상한 이야기만 들으면 사족을 못 쓴다니까."

나수재의 면박에도 박기담은 아무 말 없이 고개만 갸우뚱거렸어요.

이튿날 아침, 2반 어리숙은 화장실에서 소변을 본 뒤 물을 내리려다가 등골이 오싹했어요. 어제 박유난의 피 흘리는 변기 이야기가 떠올랐기 때문이지요.

"우주선이 날아다니는 시대에 괴담이라니, 무슨 말도 안 되는 이야기야?"

어리숙은 공포를 떨치려는 듯 고개를 세차게 흔들며 혼잣말을 하고는 물 내리는 버튼을 힘차게 눌렀어요. 그런데 변기 속 물이 갑자기 시뻘겋게 변하는 것이 아니겠어요?

"으아아악! 변기가 피를 흘려!"

어리숙은 엄청난 비명을 지르며 뛰쳐나왔어요.

2반 아이들은 또 난리가 났어요. 박유난에 이어 어리숙까지 피 흘리는 변기를 봤다고 하자, 아이들은 무서움에 덜덜 떨며 전부 다른 화장실로 몰려갔어요. 그 바람에 나수재와 박기담의 반 아이들이 주로 쓰는 화장실도 2반 아이들로 북새통을 이루었지요. 나수재가 그 모습을 보며 고개를 갸우뚱거렸어요.

"어리숙도 피 흘리는 변기를 봤다고? 이게 대체 무슨 일이야? 어제 너랑 같이 조사했지만, 화장실 변기에는 아무 이상이 없었잖아."

박기담도 고개를 갸웃하며 말을 받았어요.

"그랬지. 흠, 박유난과 어리숙이 짜고 거짓말을 하는 걸까?"

"그건 아닐 거야. 걔들 둘은 거짓말할 애들도 아니지만, 전혀 안 친하거든."

나수재는 곰곰 생각에 잠기는 듯하더니, 마침내 결심한 듯 단호하게 말했어요.

"아무래도 안 되겠어. 지금 우리 학교에서 무슨 일이 일어나는지 진실을 밝혀야겠어! 피 흘리는 변기라니, 말이 안 돼. 거기엔 반드시 무슨 비밀이 숨겨져 있을 거야."

그날 오후, 나수재와 박기담은 다시 문제의 화장실로 숨어들었어요. 피 흘리는 변기 얘기를 두 번이나 들어서 그런지 화장실 안이 으스스하게 느껴졌지요.

"좀 오싹하지 않아?"

박기담의 말에도 나수재는 아무 대꾸 없이 눈을 부릅뜬 채 화장실 안을 조사하기 시작했어요. 박기담은 "쳇!" 하고 입을 삐죽이며 사진을 찍기 위해 스마트폰을 꺼내 들었어요. 그 순간, 갑자기 나수재의 비명이 들렸어요.

"으악!"

박기담이 얼른 소리 나는 쪽으로 가 보니, 나수재가 주저앉아 있었어요.

"왜 그래? 무슨 일이야?"

박기담이 깜짝 놀라 소리치자, 나수재는 고개도 못 들고 손을 덜덜 떨며 화장실 한쪽 구석을 가리켰어요. 그곳에는 엄지손가락만 한 바퀴벌레가 사사삭 기어가고 있었지요. 박기담은 고개를 절레절레 흔들면서도 나수재를 진정시키기 위해 잽싸게 바퀴벌레를 잡았어요.

나수재는 다리가 많이 달린 동물을 끔찍하게 싫어했어요. 노린재·사마귀·바퀴벌레 같은 곤충은 물론이고, 거미·지네·노래기·그리마에 심지어 문어·낙지·오징어까지 다리가 네 개보다 많으면 질색했지요. 그 탓에 곤충 따위는 전혀 무서워하지 않는 박기담이 오늘도 나수재를 위해 바퀴벌레를 잡은 거예요.

"쫄보, 얼른 일어나! 내가 해치웠어."

그 말에 나수재가 엉거주춤하게 일어서며 말을 건넸어요.

"휴, 십년감수했네. 고마워, 귀곡소녀! 나는 정말 다리 많은 동물은 딱 질색이야."

나수재는 바퀴벌레가 사라지자 진정되었는지 손전등까지 켜고 칸칸마다 설치된 변기를 살폈어요. 그런데 나수재가 왼쪽 두 칸의 화장실 중 두 번째 칸의 변기를 들여다보다가 고개를 갸우뚱했어요. 박기담이 그 모습을 보고 물었어요.

"뭐 이상한 점이라도 발견했어?"

"응, 이상하게 이 칸만 변기 물탱크의 물이 노란색이야."

"어머, 정말이네? 왜 그런 거야?"

박기담은 자기도 모르게 침을 꼴깍 넘기며 물었어요. 그러나 나수재는 대꾸도 없이 눈을 감고 깊은 생각에 잠겼지요. 잠시 후, 나수재는 눈을 번쩍 떴어요. 그러더니 평소에는 자물쇠까지 채워 놓고 아무에게도 보여 주지 않는 과학 마술 상자를 꺼냈어요. 박기담은 깜짝 놀랐지요.

"엥? 여기서 마술하려고?"

"아니, 피 흘리는 변기의 진실을 밝히려는 거야. 넌 보고만 있어."

나수재는 과학 마술 상자에서 여러 가지 액체가 담긴 병 4개와 동그란 홈 6개가 파인 홈판을 꺼내 병에 담긴 액체를 홈판의 홈에 각각 두세 방울씩 떨어뜨렸어요. 그런 다음, 스포이트로 변기 물탱크 속의 노란색 물을 빨아들여 조금 전에 떨어뜨린 홈판의 액체에 각각 한두 방울씩 넣었지요. 그러자 홈판에 있던 액체의 색깔이 순식간에 각각 빨간색이나 노란색으로 변했어요. 그 모습을 본 박기담의 입이 떡 벌어졌어요.

"우아, 신기한 마술인데?"

"아니라니까. 이건 과학이야!"

나수재가 빙글빙글 웃으며 대답했어요. 나수재는 자신감에 콧노래까지 흥얼거리며 다른 스포이트를 꺼내 변기 속 물을 빨아들여 홈판의 빈 홈에 떨어뜨렸어요. 그리고 여기에 변기 물탱크 속의 노란색 물을 떨어뜨렸지요. 그러자 홈판의 변기 속 물이 빨갛게 변했어요. 나수재는 확신에 찬 목소리로 외쳤어요.

"됐어. 이 세상일은 모두 과학으로 설명할 수 있어!"

"뭐야? 피 흘리는 변기의 진실을 알아낸 거야?"

박기담의 눈이 휘둥그레졌어요. 나수재는 고개를 끄덕였어요.

"응, 똑똑히 봐. 피 흘리는 변기의 진실을 알려 줄 테니."

나수재는 말이 끝나기 무섭게 변기의 물 내리는 버튼을 눌렀어요. 그러자 변기 속 물이 순식간에 빨갛게 변하더니 그대로 변기 속으로 빨려 들어갔어요. 그리고 다시 차오른 변기 속 물의 색은 원래대로 돌아와 있었지요.

"앗! 뭐야? 지금 변기가 피를 흘린 것 맞지?"

"나 원 참. 변기가 피를 흘린 게 아니라니까. 피 흘리는 변기의 진실은 과학을 잘 아는 사람이 꾸민 악의에 찬 장난이었어."

"뭐? 장난? 나수재, 너도 봤잖아. 잠깐이었지만 물이 빨갛게 변하는 걸 말이야. 그건 분명히 죽은 아이의 원통함 때문에 피가 흐른 거였다니까!"

"아니거든? 좀 전에 내가 한 실험을 봤으면 눈치를 챘어야지. 아까 그 물은 피가 아니야. 지시약을 넣었을 때 빨간색으로 변하는 용액이 들어 있었던 거지."

나수재가 어깨를 으쓱하며 대꾸했어요.

"대체 뭔 소리야? 용액은 뭐고, 지시약은 또 뭔데?"

박기담이 뿌루퉁한 얼굴로 물었어요. 그러자 나수재가 조곤조곤하게 설명을 시작했어요.

"'용액'은 녹는 물질이 녹이는 물질에 골고루 섞여 있는 물질을 말해. 설탕물은 녹는 물질인 설탕이 녹이는 물질인 물에 골고루 섞여 있는 용액이지. 용액은 색깔, 투명한 정도, 냄새, 흔들었을 때 거품이 생기는지 등의 특징으로 분류할 수 있어. 그런데 이런 겉보기 성질만으로 구분할 수 없는 용액도 있어. 이럴 때 사용하는 것이 바로 지시약이지. '지시약'은 어떤 용액을 만났을 때 그 용액의 성질에 따라 눈에 띄는 변화가 나타나는 물질이야. 다양한 지시약을 이용하면 여러 가지 용액을 분류할 수 있어."

"지시약으로 용액을 분류할 수 있다고? 어떻게?"

박기담은 어느새 궁금한 얼굴이 되었어요.

"지시약을 넣었을 때 변하는 용액의 색깔을 보고 분류하는 거야. 지시약에는 메틸 오렌지, 페놀프탈레인 용액, BTB 용액 등이 있는데, 겉보기에 같아 보여도 지시약을 사용했을 때 색깔이 달라지는 것을 보고 다른 용액임을 밝혀낼 수 있거든."

"후유, 어렵다, 어려워. 좀 더 쉽게 설명해 줄래?"

박기담이 한숨까지 쉬자, 나수재는 한쪽 눈을 찡긋하더니 과학 마술 상자에서 다른 홈판을 꺼냈어요. 그리고 아까 떨어뜨렸던 액체들을 다시 떨어뜨리며 설명을 이었지요.

"자, 이것은 식초이고, 이것은 레몬즙이야. 여기에는 석회수와 유리 세정제를 넣었지. 앞에서 한 실험과 똑같이 말이야."

그리고 나수재는 과학 마술 상자에서 스포이트가 달린 병 하나를 꺼내 들었어요.

"이것은 메틸 오렌지 지시약이야. 이것을 홈판에 있는 액체들에 떨어뜨려 볼게."

나수재가 메틸 오렌지 지시약을 홈판의 액체들에 한두 방울씩 떨어뜨리자, 액체들의 색이 변했어요.

"우아! 이 액체들도 아까처럼 색이 변했네?"

박기담이 입을 떡 벌렸어요. 나수재는 살짝 거만하게 어깨를 으쓱했어요.

"봤지? 메틸 오렌지 지시약을 식초·레몬즙·사이다 같은 용액에 떨어뜨리면 붉은색 계열로 변하고, 유리 세정제·빨랫비누 물·석회수 같은 용액에 떨어뜨리면 노란색 계열의 색깔로 변해. 용액의 성질에 따라 메틸 오렌지에 들어 있는 물질이 서로 다른 색깔을 나타내거든."

"근데 그게 피 흘리는 변기하고 무슨 관련이 있어? 박유난과 어리숙은 소변을 보고 물을 내렸을 뿐이잖아. 그런데 어떻게 물이 갑자기 빨갛게 변할 수 있냐고. 내 생각엔 역시 원통하게 죽은 그 아이 때문에 이런 일이 일어나는 것 같아."

박기담이 의심스러운 표정을 지으며 말했어요. 나수재는 답답하다는 듯 가슴을 치며 두 홈판을 가리켰어요.

"두 홈판에 있는 액체의 색을 비교해 봐. 똑같지? 너도 아까 봤듯이 처음 이 용액들에 떨어뜨린 액체는 변기 물탱크 속에 있던 물이잖아. 그러니까 변기 물탱크 속에는 메틸 오렌지 지시약이 들어 있음을 알 수 있어."

"그럼 변기 물탱크 속에 다른 지시약이 들어 있었다면 다른 색깔이 나타날 수도 있었겠네?"

박기담의 질문에 나수재가 손가락을 딱 튕기며 대답했어요.

"맞아! 만약 변기 물탱크 속에 페놀프탈레인 용액이 들어 있었다면 식초와 레몬즙, 변기 속에서 떠낸 물은 색깔 변화가 없고, 오히려 석회수와 유리 세정제가 붉은색으로 바뀌었을 거야."

"거참 희한하네."

"후훗! 그것이 과학의 매력이지. 이렇게 메틸 오렌지의 색깔은 붉은색으로 변하게 하고 페놀프탈레인 용액의 색깔은 변하지 않게 하는 용액을 '산성 용액'이라고 해. 반면에 메틸 오렌지의 색깔은 노란색, 페놀프탈레인 용액의 색깔은 붉은색으로 변하게 하는 용액은 '염기성 용액'이라고 하지. 그러니까 메틸 오렌지, 페놀프탈레인 용액 등의 지시약을 이용하면 용액을 산성 용액과 염기성 용액으로 분류할 수 있어."

"그렇구나. 근데 물이 산성 용액이야? 변기 속에서 떠낸 물이 빨간색으로 변했잖아."

박기담의 날카로운 질문에 나수재가 안경을 슬쩍 들어 올리며 대답했어요.

"아니, 물은 산성도 염기성도 아니야. 그런데 소변이 대부분 약한 산성 용액이기 때문에 물에 소변을 보면 산성 용액이 되겠지. 하지만 먹은 음식이나 그 사람의 몸 상태에 따라 소변은 약한 염기성 용액이 되기도 해. 그래서 이번 일을 꾸민 사람은 변기 속 물을 확실하게 산성 용액으로 만들려고 미리 변기 속에다 산성 용액인 사이다 같은 걸 엄청 많이 쏟아부었을 거야. 그래야 아이들이 소변을 보고 물을 내리면, 물탱크 속의 메틸 오렌지 지시약이 변기 속 산성 용액과 만나 확실하게 빨간색으로 변할 테니까 말이야."

"에이, 그런 거였어? 난 모처럼 귀신 같은 기이한 경험을 하나

기대했는데, 누군가의 장난이라니 좀 섭섭하네."

"섭섭하긴. 이 세상에 귀신 같은 건 없다니까!"

나수재는 박기담을 바라보며 의기양양한 미소를 지었어요. 하지만 마음속으로는 다른 생각을 하고 있었어요.

'대체 이런 장난을 친 사람이 누구지? 과학을 좀 안다고 이런 괴이한 일을 꾸며 학교를 발칵 뒤집어 놓다니, 도저히 용서할 수 없어!'

산과 염기

우리 주변에서 흔히 볼 수 있는 용액의 분류

'용액'은 녹는 물질이 녹이는 물질에 골고루 섞여 있는 물질을 말해. 소금물이나 설탕물은 녹는 물질인 소금이나 설탕이 녹이는 물질인 물에 골고루 섞여 있는 용액이지. 용액은 서로 비슷한 점도 있고, 다른 점도 있어. 소금물과 설탕물은 색깔이 없고 투명하다는 점이 서로 비슷하지만, 오렌지 주스는 노란색이고 투명하지 않아. 그래서 용액을 분류하려면 기준을 정해야 해. 보통 색깔, 투명한 정도, 냄새, 흔들었을 때 거품이 생기는지 등의 겉보기 성질로 분류하지.

소금 + 물 = 소금물

지시약을 이용한 용액 분류

용액을 분류할 때 겉보기 성질만으로 구분할 수 없는 용액들도 있어. 이럴 때 사용하는 것이 바로 지시약이야. '지시약'은 어떤 용액을 만났을 때 그 용액의 성질에 따라 눈에 띄는 변화가 나타나는 물질을 말해. 다양한 지시약을 이용하면 여러 가지 용액을 분류할 수 있지. 지시약에는 페놀프탈레인 용액, 메틸 오렌지 용액, 브로모티몰 블루(BTB) 용액, 붉은색 리트머스 종이, 푸른색 리트머스 종이 등이 있어.

지시약을 여러 가지 용액에 떨어뜨리면 지시약의 색깔이 변하기 때문에 그 변화에 따라 용액을 각각 분류할 수 있어. 예를 들어 푸른색 리트머스 종이는 식초, 레몬즙, 사이다, 묽은 염산을 묻히면 붉은색으로 변해. 붉은색 리트머스 종이는 유리 세정제, 빨랫비누 물, 석회수, 묽은 수산화 나트륨 용액을 묻히면 푸른색으로 변하지.

또 다른 지시약인 페놀프탈레인 용액을 식초, 레몬즙, 사이다, 묽은 염산에 떨어뜨리면 색깔 변화가 없어. 하지만 유리 세정제, 빨랫비누 물, 석회수, 묽은 수산화 나트륨 용액에 떨어뜨리면 붉은색으로 변해. 이처럼 지시약을 사용하면 지시약의 색깔 변화를 보고 용액을 분류할 수 있어. 그 까닭은 용액의 성질에 따라 지시약에 들어 있는 물질이 서로 다른 색깔을 나타내기 때문이야.

산성과 염기성

푸른색 리트머스 종이를 붉은색으로 변하게 하고, 페놀프탈레인 용액의 색깔을 변하지 않게 하는 용액을 '산성 용액'이라고 해. 반면에 붉은색 리트머스 종이를 푸른색으로 변하게 하고, 페놀프탈레인 용액의 색깔을 붉은색으로 변하게 하는 용액을 '염기성 용액'이라고 하지.

리트머스 종이, 메틸 오렌지 용액, 페놀프탈레인 용액 등의 지시약을 이용하면 용액을 산성 용액과 염기성 용액으로 분류할 수 있어. 산성 용액에는 식초·레몬즙·사이다·묽은 염산 등이 있어. 염기성 용액에는 유리 세정제·빨랫비누 물·석회수·묽은 수산화 나트륨 용액 등이 있지.

산성 용액   염기성 용액

지시약과 산성 용액을 이용한 장난

지시약인 메틸 오렌지 용액은 산성 용액에서는 붉은색으로, 염기성 용액에서는 노란색으로 변해. 범인은 이 현상을 학교 괴담에 이용하기로 마음먹었어. 그래서 변기의 물탱크 속에는 지시약인 메틸 오렌지 용액을 넣고, 변기 속에는 사이다 같은 산성 용액을 잔뜩 부어 놓았지. 변기에 앉아 소변을 본 아이들이 물을 내리면, 물탱크 속의 메틸 오렌지 용액이 변기 속의 산성 용액을 만나 붉은색으로 변했어. 그러니까 2반 아이들을 놀라게 한 피 흘리는 변기의 진실은 과학을 잘 아는 누군가가 꾸민 악질적인 장난일 뿐이야.

반짝 상식

우연히 발견한 지시약

최초의 지시약은 바로 아일랜드 과학자인 로버트 보일이 만든 보라색 제비꽃 지시약이야. 1663년, 보일은 강한 산성 물질인 황산을 얻는 실험을 하던 중 우연히 옆에 있던 보라색 제비꽃에서 연기가 나는 것을 보았어. 보일은 증발하던 황산이 보라색 제비꽃에 묻었음을 알고, 황산을 씻어 내려고 물이 든 비커에 보라색 제비꽃을 담가 두었지. 그런데 잠시 뒤에 보니 보라색 제비꽃이 빨갛게 변해 있었어. 보일은 실험실에 있던 다른 산성 용액을 보라색 제비꽃에 떨어뜨려 보았고, 이번에도 보라색 제비꽃은 붉게 변했지. 이를 통해 보일은 보라색 제비꽃에 산성 용액을 떨어뜨리면 빨갛게 변한다는 사실을 알아냈고, 최초의 지시약을 만들게 되었어.

제 2 장
종이꽃의 저주

아침부터 해가 쨍쨍한 날이었어요. 아이들은 등교하자마자 집에서 싸 온 얼음물을 꺼내 마시며 더위를 달랬지요. 그런데 드르륵 교실 문을 열고 등장한 나수재의 손에는 특이하게 우산이 들려 있었어요. 그 모습을 본 반 아이들이 한마디씩 했어요.

"비도 안 오는데 웬 우산?"

"혹시 마술 도구인가?"

"글쎄, 양산 대신 쓰고 온 것 같은데?"

온갖 추측이 무성한 가운데 나수재는 아무 말 없이 자리에 앉았어요. 그러더니 진지한 얼굴로 하늘을 향해 양손을 뻗고 주문을 외우듯 말했지요.

"곧 소나기가 내릴 것이니, 모두 나의 우산을 부러워할 것이다."

"뭐래? 쟤 또 혼자서 쇼하는 거야?"

박기담이 고개를 절레절레 흔들었어요. 다른 아이들도 나수재의 말을 대수롭지 않게 여기고, 다시 수다를 떨기 시작했지요. 그때, 갑자기 하늘이 깜깜해지는가 싶더니 우르릉 쾅 하고 천둥 번개가 쳤어요. 곧이어 양동이로 물을 들이붓듯이 소나기가 세차게 쏟아지기 시작했어요.

"뭐야? 나수재, 이제 예언도 하는 거야?"

박기담이 깜짝 놀라 혀를 내둘렀어요. 옆에 있던 아이들도 박기담을 거들었어요.

"그러게 말이야. 나수재의 말이 끝나기 무섭게 비가 내리다니 좀 무서운걸?"

"맞아. 어떻게 비가 올 줄 알았지?"

"어쨌든 멋져!"

몇몇 아이들은 나수재의 예언이 맞아떨어졌다며 입술에 손가락을 넣고 휙 휘파람을 불었어요. 나수재는 거기에 화답하는 뜻에서 손가락으로 브이 자를 그려 보였지요. 그리고 박기담을 보고는 한쪽 눈을 찡긋했어요. 박기담이 감탄한 얼굴로 쳐다보자,

나수재가 뒷머리를 긁적이며 나지막이 속삭였어요.

"그런 얼굴로 쳐다보지 마. 내가 소나기가 올 거라고 말한 건 하늘에 떠 있는 구름을 봤기 때문이지 예언한 게 아니야. 집에서 나올 때 하늘을 보니 적란운이 떠 있었거든."

"적란운? 적란운이 구름이야?"

박기담이 어리둥절한 표정을 짓자, 나수재가 빙그레 웃으며 설명을 시작했어요.

"응, 적란운은 구름의 한 종류야. 우리가 매일 보는 구름은 천차만별로 보이지만, 과학자들은 이 구름들을 떠 있는 높이와 모양에 따라 분류했거든. 그리고 이름도 붙였지."

"잠깐만! 정말이야? 한순간도 가만있지 않고 모양이 계속 달라지는 구름을 분류하고 이름도 붙였다는 게?"

박기담이 눈을 동그랗게 뜨며 물었어요.

"그래, 맨 처음 구름에 이름을 붙인 사람은 루크 하워드라는 사람이야. 하워드는 구름을 새털 모양의 권운, 위로 높이 솟는 모양의 적운, 옆으로 퍼지는 모양의 층운으로 나누고, 아무리 복잡한 구름도 여기에서 변한 거라고 설명했지. 그러고는 다른 여러 종류의 구름에 이들 구름을 조합하고 변형한 이름을 붙였어.

요즘 사용하는 10종류의 구름 이름인 권적운, 권층운, 권운, 고적운, 고층운, 층적운, 층운, 난층운, 적운, 적란운도 하워드가 정한 이름에서 조금만 바꾸고 보완한 거야."

나수재가 살짝 뻐기며 어깨를 으쓱했어요.

"와, 하워드라는 사람 정말 대단하구나! 근데 내가 궁금한 건 네가 어떻게 적란운을 보고 소나기가 올 줄 알았냐는 거야."

"구름을 잘 관찰하면 날씨를 예측할 수 있거든. 특히 적란운이 떠 있으면 반드시 소나기가 내려. 번개나 천둥, 우박이 함께 나타나기도 하고 말이야. 그래서 적란운을 소나기구름이라고도 해."

"그럼 적란운을 보고 학교에 와서 예언하는 척한 거야? 에이, 감쪽같이 속았네."

박기담이 맥 빠진 얼굴로 대꾸했어요.

"사실 나도 내 말이 끝나기 무섭게 딱 맞춰 소나기가 내려서 깜짝 놀랐어. 히히."

나수재가 흰 이를 내보이며 싱글거렸어요. 그러자 박기담이 고개를 갸우뚱하며 물었어요.

"근데 넌 아침에 본 구름이 적란운인지 어떻게 알았어?"

"적란운은 비교적 쉽게 관찰할 수 있어. 구름의 크기가 엄청

크고, 수직으로 높이 치솟아 있기 때문에 커다란 산이나 거대한 탑처럼 보이거든."

"그렇구나. 그나저나 비는 언제 그칠까? 우산도 없는데……."

박기담은 어느새 흥미를 잃었는지 나수재의 말을 듣는 둥 마는 둥 창밖만 바라보았어요. 소나기는 전혀 그칠 기미가 안 보였지요. 천둥에 벼락까지 치자, 몇몇 아이들이 무섭다며 소리를 질렀어요. 그와 동시에 2반에서 날카로운 비명이 들려왔어요.

"꺄아아악!"

소리가 예사롭지 않은 것으로 보아 2반에 무슨 일이 생긴 것이 틀림없었어요. 나수재와 박기담은 황급히 2반으로 달려갔어요.

2반 아이들은 교실 뒤편에 전시해 놓은 종이꽃들을 보며 수군거리고 있었어요. 박기담은 뒷문 앞에서 벌벌 떠는 2반 오방정과 정소문에게 무슨 일이냐고 물었어요. 오방정은 새파랗게 질린 얼굴로 사물함 위에 놓인 종이꽃 하나를 가리키며 대답했어요.

"저기, 저 종이꽃 좀 봐. 귀신이 빨간 피로 글씨를 써 놨어. 무, 무서워 죽겠어! 이건 왕따 귀신의 저주가 틀림없어."

두 아이가 오방정이 가리킨 종이꽃을 자세히 보니, 정말 빨간색으로 글씨가 쓰여 있었어요.

'왕따 시키는 장심술 지옥에 떨어져!'

그런데 그 글씨가 오방정의 말처럼 꼭 흘러내리는 피로 쓴 것 같아, 두 아이도 보는 순간 심장이 오그라드는 느낌을 받았어요.

"사물함 위에 놓인 종이꽃들은 어제 우리 반 아이들이 만든 거야. 오늘 아침에 등교했을 때만 해도 아무 이상이 없었는데, 좀 전에 누가 사물함 쪽에 뭔가 있다고 소리를 지르더라고. 그래서 사물함 쪽을 봤더니 글쎄, 저 종이꽃 하나만 꽃잎이 벌어져 있고, 그 안에 저 글씨가 쓰여 있는 거야. 얼마나 놀랐는지 몰라. 정말 귀신의 장난일까? 근데 왜 우리 반에서만 자꾸 이런 일이 생기지?"

정소문은 말을 하는 동안에도 계속 온몸을 부들부들 떨었어요. 정소문의 눈에는 눈물이 그렁그렁했지요. 박기담은 정소문의 어깨를 토닥이며 흥분한 목소리로 말했어요.

"흐음. 거참, 귀신이 곡할 노릇이네. 다른 종이꽃은 다 오므라들어 있는데, 글씨가 쓰인 이 종이꽃만 벌어져 있다니 말이야. 게다가 정소문이 등교할 때는 전부 오므라들어 있었다잖아. 이건 귀신의 장난이 틀림없어."

그 말에 정소문이 기다렸다는 듯 떨리는 목소리로 말을 덧붙였어요.

"지금 우리 반 아이들은 이번 일도 또 다른 학교 괴담과 관련이 있다며 겁에 질려 있어."

"우리 학교 괴담이 또 있단 말이야?"

나수재가 황당하다는 표정을 지었어요. 정소문은 고개를 살짝 끄덕인 뒤, 손짓까지 해 가며 이야기를 풀어놓았어요.

"응. 아주 오래전, 우리 학교에 부모님 없이 할머니와 단둘이 사는 아이가 있었대. 그 아이는 부모님이 없다는 이유로 반 아이들에게 따돌림을 당했지. 상처받은 그 아이는 결국 학교 옥상에서 떨어져 죽고 말았어. 그 이후 친구들을 왕따 시키는 아이가 나타나면 그 아이의 영혼이 반드시 저주를 내린대. 오늘 종이꽃에 피로 쓰인 말이 바로 그 아이의 저주라는 거지."

"그럼 장심술이라는 애가 너희 반 아이들을 괴롭혔다는 거야?"

나수재가 인상을 찌푸리며 버럭 소리를 질렀어요. 깜짝 놀란 정소문은 마치 자신이 잘못을 저지른 듯 기어들어 가는 목소리로 대답했어요.

"그래, 사실 우리 반에는 덩치가 크고 힘이 세다고 친구들을 괴롭히는 못된 녀석이 둘 있는데, 바로 장심술과 최일진이야. 몸

집이 좀 작거나, 착하거나, 조용한 아이들 몇 명을 찍어 놓고 괴롭히지. 툭하면 그 아이들의 실내화랑 교과서 등을 감추고, 걔들이 먹는 급식에 벌레를 넣기도 해."

"그런 나쁜 놈들이 있나!"

박기담이 부르르 떨며 화를 냈어요.

"맞아, 하지만 나를 포함한 우리 반 아이들은 그냥 못 본 체할 수밖에 없었어. 그게 잘못된 일이라는 건 아는데, 그 녀석들이 무섭기도 하고 괜히 나한테 불똥이 튈까 봐……."

정소문이 고개를 푹 숙이자, 나수재가 따뜻한 목소리로 위로했어요.

"누구도 그런 못된 녀석들 앞에서 괴롭힘을 당하는 친구 편을 들기는 쉽지 않아. 그렇지만 어른들과 의논하거나 반 아이들 모두가 힘을 합해 장심술과 최일진에게 맞섰더라면 그 녀석들도 계속 그러진 못했을 텐데, 조금 아쉽네."

나수재의 말에 정소문은 고개를 끄덕이며 하던 이야기를 마무리했어요.

"그래서 지금 우리 반에는 왕따 귀신이 장심술에게 저주를 내린 거라는 소문이 돌고 있어. 물론 나도 그렇게 생각해."

"또 괴담이냐? 이 세상에 귀신은 없다니까!"

나수재의 단호한 모습에 정소문이 자기도 모르게 주먹을 불끈 쥐며 반박했어요.

"왜 내 말을 믿지 않는 거야? 우리 반 허풍선은 사물함 앞에 서 있는 왕따 귀신도 봤대."

"휴, 답답하네. 그건 그렇고, 혹시 너희 반 아이 중 누군가가 장난쳤을 가능성은 없어?"

나수재의 물음에 정소문이 펄쩍 뛰었어요.

"누가 이런 장난을 해? 내가 등교한 뒤로 종이꽃에 손댄 사람은 아무도 없어. 내 자리가 사물함 바로 앞이라 자신 있게 말할 수 있어. 만약 우리 반 아이가 이런 일을 벌였다면 반드시 내 눈에 띄었을 거야."

"그래, 종이꽃에 피로 저주의 말을 쓴 건 왕따 귀신이 틀림없어. 왕따 귀신이 장심술에게 저주를 내린 거라고."

박기담이 딱 부러지게 말했어요. 나수재는 절대 그럴 리가 없다고 생각했지만, 아무 말도 하지 않았어요. 그러자 나수재의 얼굴을 본 박기담이 시비를 걸었어요.

"뭐야, 그 표정은? 지금 내 말을 무시하는 거야? 그럼 네가 귀신의 짓인지 아닌지 밝히면 되겠네. 만약 사람의 짓이라면 어떻게 그처럼 아무도 모르게 종이꽃에 피로 저주의 말을 쓸 수 있었는지 그 비법도 좀 알려 주고. 알았어?"

나수재는 박기담의 억지에 어쩔 수 없이 고개를 끄덕였어요. 하지만 나수재도 누가 이런 일을 꾸몄는지, 또 어떻게 아무도 모르게 감쪽같이 종이꽃에 저주의 말을 쓸 수 있었는지 몹시 궁금했어요.

수업이 끝난 뒤, 나수재는 못 이기는 척 박기담과 함께 다시 2반 교실로 향했어요.

"앗! 저주의 말이 적힌 종이꽃이 사라졌어. 어떡하지?"

박기담이 호들갑스럽게 큰 소리로 말했어요.

"누군가 버렸겠지. 하지만 아직 그 꽃을 꽂아 두었던 종이컵은 남아 있으니 이거라도 조사해 보자."

나수재가 종이컵 위에 씌운 종이를 조심조심 떼어 내며 말했어요. 종이를 떼어 내자 그 안에서 물이 조금 든 플라스틱 상자가 나왔어요.

"그게 뭐야?"

박기담이 물었지만, 나수재는 대답도 없이 플라스틱 상자를 요

리조리 살펴보았어요. 그리고 잠시 눈을 감고 골똘히 생각하다가, 갑자기 눈을 번쩍 뜨며 커다란 목소리로 외쳤어요.

"이 세상일은 모두 과학으로 설명할 수 있어! 종이꽃에 쓰인 저주의 말은 왕따 귀신의 벌이 아니야."

"정말? 귀신이 한 게 아니라고?"

박기담의 눈이 의심의 빛을 띠었어요. 나수재가 자신만만한 얼굴로 고개를 끄덕였지요.

"응, 조금만 기다려. 저주의 말이 적힌 종이꽃의 진실을 알려 줄 테니……."

나수재는 늘 들고 다니는 과학 마술 상자에서 색종이를 꺼냈어요. 그리고 이리저리 접더니 박기담에게 내밀었어요.

"어? 이건 2반 아이들이 만든 것과 비슷한 종이꽃이잖아?"

"응, 예쁘지? 잘 봐. 아주 신기한 광경을 보여 줄게."

나수재는 역시 과학 마술 상자에서 그릇을 하나 꺼내 물을 담았어요. 그리고 그 종이꽃을 조심스레 물이 담긴 그릇에 띄웠지요. 그랬더니 잠시 후, 놀라운 광경이 펼쳐졌어요. 종이꽃의 꽃잎이 저절로 벌어지기 시작하는 것이 아니겠어요? 박기담의 눈이 동그래졌어요.

"우아, 이 마술은 신기한데?"

"이건 마술이 아니고 과학이야!"

나수재가 우쭐하며 말했어요.

"와, 정말? 어떻게 했는데?"

박기담은 믿기지 않는 듯 벌린 입을 다물지 못했어요. 하지만 놀라는 것도 잠시, 박기담의 얼굴에 어처구니없다는 표정이 떠올랐어요. 종이꽃 안에 '박기담 바보!'라고 쓰여 있었거든요. 나수재는 빙글빙글 웃으며 설명을 시작했어요.

"종이꽃의 재료인 색종이를 현미경으로 보면, 가늘고 긴 실 모양의 섬유가 얽혀 있어. 그런데 종이꽃을 물에 띄우면, 섬유가 얽힌 사이사이의 좁은 공간을 통로 삼아 물이 빨려 올라가게 돼. 그러면 섬유가 물기를 머금으면서 부풀고, 그에 따라 종이꽃의 접힌 면이 점점 펴져 자연스레 꽃잎이 벌어지지. 이처럼 섬유 사이의 공간이나 가느다란 관과 같은 아주 좁은 통로를 따라 액체가 올라가거나 내려가는 현상을 '모세관 현상'이라고 해."

나수재는 잠시 사건을 잊은 듯 신나게 말을 이어 갔어요.

"우리가 실험실에서 사용하는 알코올램프의 심지가 알코올을 빨아올리는 것이나 물이 담긴 그릇에 걸쳐진 천을 타고 물이 그릇 밖으로 떨어지는 것 역시 모세관 현상과 관계가 있어. 식물의 뿌리가 땅속에서 빨아들인 물이 잎까지 올라가는 이유도 식물 줄기의 물관에서 일어나는 모세관 현상 때문이야. 그 덕분에 땅속의 물이 물관을 타고 식물의 구석구석까지 이동할 수 있는 거라고. 어때, 신기하지?"

잠자코 듣던 박기담은 참을성이 바닥났는지 얼른 손을 내저으며 나수재의 말을 막았어요.

"그래, 이제 모세관 현상은 충분히 알겠어. 그럼 아침에 봤던

종이꽃은 물에 띄우지도 않았는데 어떻게 저절로 펴졌지?"

박기담의 질문에 나수재는 종이컵 안에 있던 플라스틱 상자를 흔들어 보였어요.

"그건 바로 이 플라스틱 상자 때문이야. 물이 든 플라스틱 상자를 종이컵 안에 숨긴 뒤에 종이꽃 밑에 길쭉한 종이를 붙이고, 그 종이를 물이 든 플라스틱 상자에 담가 놓은 거지. 그럼 모세관 현상이 일어나서 플라스틱 상자에 있던 물이 길쭉한 종이를 타고 올라가 종이꽃에 도달해서 종이꽃이 펴지는 거야."

"그렇구나. 그럼 피가 흘러내리는 것처럼 보이는 글씨는 어떻게 쓴 거야?"

"그거야말로 간단해. 빨간색 수성 사인펜으로 종이꽃 안쪽에 글씨를 미리 써 놓으면 되거든. 수성 사인펜 잉크는 물에 녹기 때문에 모세관 현상으로 빨려 올라온 물에 사인펜 잉크가 녹아 글씨가 번진 거야. 소나기가 퍼붓는 날씨와 저주의 말 때문에 피로 쓴 것처럼 보였던 거지. 참, 여기 '박기담 바보!'라는 글씨도 종이꽃을 만들기 전에 미리 써 두었어."

그리고 나수재는 말로 도장을 찍듯이 결론을 내렸어요.

"그러니까 저절로 핀 종이꽃과 거기에 쓰인 글씨는 모세관 현상을 잘 아는 누군가가 꾸민 일이야."

"에이, 그런 거였어? 진실을 알고 나니까 맥이 빠지네. 난 정말 왕따 귀신이 벌을 내린 줄 알았거든."

박기담이 실망한 듯 어깨를 축 늘어뜨렸어요. 그 모습을 본 나수재는 딱하다는 듯 혀를 끌끌 찼어요.

"그게 그렇게 낙담할 일이야?"

"당연하지. 오늘이야말로 학교에서 기이한 경험을 하겠구나 하고 잔뜩 기대했단 말이야. 그런데 누군가가 꾸민 일이었다니까 짜증 나잖아. 그나저나 누가 이런 일을 꾸민 걸까?"

박기담이 궁금한 표정이 되어 묻자, 나수재가 오랜 생각 끝에 추리한 바를 내놓았어요.

"글쎄. 하지만 이건 분명해. 종이꽃에 쓰인 저주의 말을 장심술이 못 보면 아무 소용이 없잖아. 그러니까 아이들에게 저절로 핀 종이꽃을 보라고 처음 소리친 사람이 이 일을 꾸몄을 가능성이 높아."

"그렇구나! 지금 당장 정소문한테 전화해서 물어볼까?"

박기담이 저도 모르게 소리를 높였어요.

"됐어. 사실 아까 아침에 난리 났을 때 2반 아이들한테 저절로 핀 종이꽃을 제일 먼저 발견한 사람이 누구냐고 물어봤어. 그런데 놀란 탓인지 아무도 기억하는 사람이 없더라고."

"어머, 어떡해?"

"어떡하긴. 이번 일은 장심술과 최일진에게 괴롭힘을 당한 2반 아이들 중 한 명이 벌였을 가능성이 아주 커. 그래서 수업이 끝나고 정소문에게 슬쩍 물어봤지. 장심술과 최일진이 주로 괴롭힌 아이들이 누군지 말이야."

"그래서 누군지 알아냈어?"

박기담이 미간을 모으며 묻자, 나수재가 작게 한숨을 쉬며 대답했어요.

"유약한, 나소심, 부당해, 왕비실. 이렇게 4명이래. 대충 후보는 좁혀졌다고 봐야겠지."

"유약한이랑 왕비실은 나랑 1학년 때 같은 반이었고, 나소심이랑 부당해는 같은 유치원을 다녀서 모두 알아. 게다가 왕비실이랑 부당해는 지금 같은 학원에 다니고. 4명 모두 그렇게 친하지는 않지만, 이런 일을 꾸밀 정도로 나쁜 아이는 없어."

박기담이 시무룩한 얼굴로 대꾸했어요. 그러다가 박기담에게 문득 한 가지 의문이 떠올랐어요.

"혹시 피 흘리는 변기도 그 아이들 중 한 명이 한 짓일까?"

"그렇겠지."

나수재의 확신에 찬 대답에 박기담이 고개를 갸웃했어요.

"근데 이상하지 않아? 박유난과 어리숙은 다른 애들을 괴롭히지도 않았는데 왜 그런 일을 당했을까?"

"친구가 괴롭힘을 당하는데도 모른 척하는 2반 아이들 모두에 대한 응징이 아니었을까?"

나수재는 여기까지 말하고는, 짐짓 목소리를 낮추었어요.

"하여튼 당분간 이 일은 비밀이야. 다른 아이들이 귀신의 짓이라고 믿게끔 내버려 두자고. 특히 장심술과 최일진이 믿어야 해. 그래야 이번 일을 꾸민 사람이 안심하고 또 다른 일을 꾸밀 테니까 말이야."

"덫을 놓자는 거야?"

박기담의 눈이 왕방울만 해졌어요.

"응, 내 생각이 맞다면 아마 이번엔 최일진을 노릴 거야."

나수재가 이맛살을 찌푸리며 말했어요. 안경 너머 나수재의 눈빛이 매섭게 타오르고 있었어요.

모세관 현상

모세관 현상

가느다란 유리관을 물이 담긴 그릇 속에 세우면, 관 안의 물은 관 바깥의 물보다 더 높이 위로 올라가. 그 이유는 물이 관에 붙으려는 힘이 물끼리 붙어 있으려는 힘보다 강하기 때문이야. 하지만 가느다란 유리관을 수은이 담긴 그릇 속에 세우면, 물과 달리 수은이 관에 붙으려는 힘보다 수은끼리 붙어 있으려는 힘이 강해서 수은이 관을 따라 아래로 내려가지. 이처럼 가느다란 관과 같은 통로를 따라 액체가 올라가거나 내려가는 현상을 '모세관 현상'이라고 해. 관이 가느다랄수록 모세관 현상이 잘 나타나기 때문에, 액체가 더 높이 올라가거나 더 아래로 내려가는 것을 볼 수 있어.

모세관 현상은 가느다란 관에서뿐만 아니라 섬유 사이처럼 가느다란 통로 역할을 하는 공간에서도 나타나. 물이 담긴 그릇에 손수건을 걸쳐 놓으면, 손수건 전체가 물에 젖으면서 걸쳐 놓은 손수건 끝에서 그릇 밖으로 물방울이 떨어지는 것을 볼 수 있어. 이것은 손수건의 섬유와 섬유 사이의 좁은 공간을 통로 삼아 물이 빨려 올라오기 때문이야. 손수건의 방향에 상관없이 물이 손

수건의 섬유 사이에 스며드는 것을 보면, 모세관 현상은 수직 방향으로만 일어나는 것이 아님을 알 수 있지.

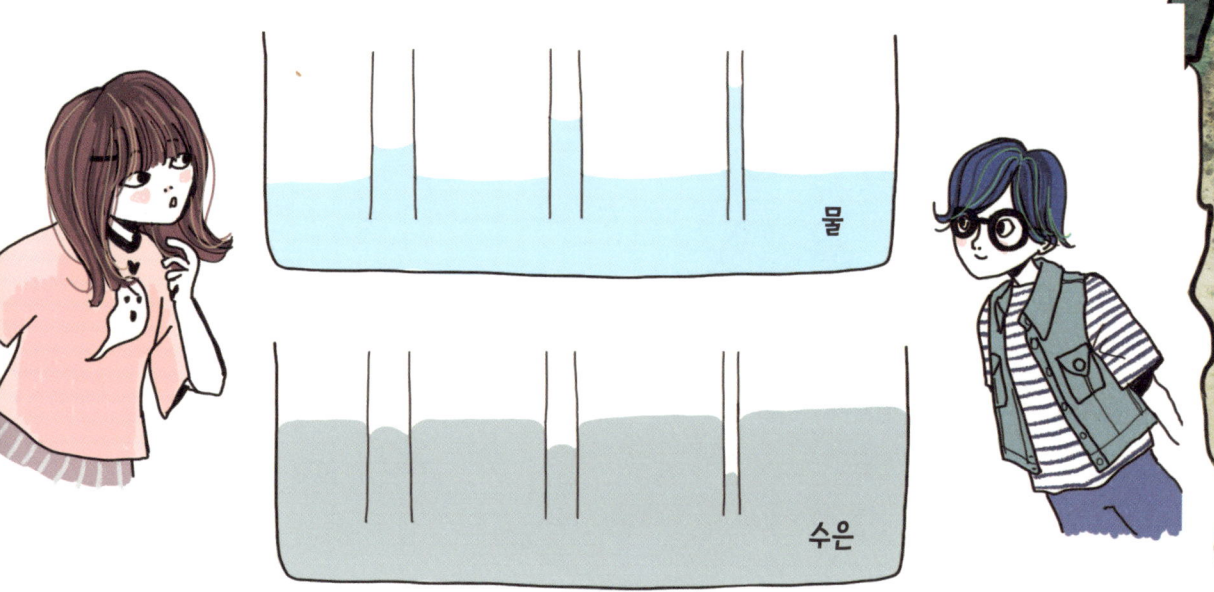

물과 수은의 모세관 현상

모세관 현상이 일어나는 예

모세관 현상의 가장 흔한 예로는 물컵에 빨대를 꽂았을 때 물컵에 있는 물의 표면보다 빨대 안의 물이 더 높이 올라가는 것을 들 수 있어. 양초가 계속

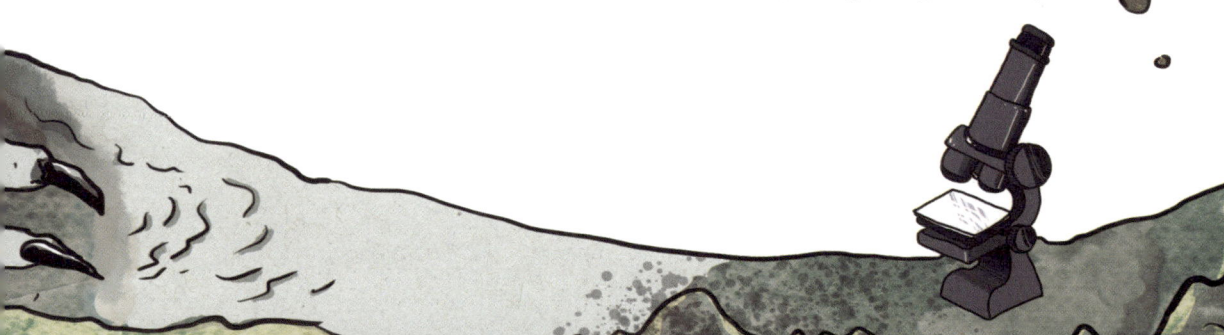

탈 수 있는 것도 모세관 현상 때문이야. 불꽃이 양초 윗부분을 녹여 액체로 만드는데, 액체가 된 양초는 모세관 현상 때문에 심지의 섬유와 섬유 사이의 공간을 통로 삼아 심지를 적시며 위로 타고 올라가고, 이게 연료가 되어 불꽃이 꺼지지 않는 거지.

식물의 뿌리에서 흙 속의 물을 빨아들여 잎으로 올려 보내는 것도 같은 원리야. 식물의 뿌리는 땅속으로 뻗어 물을 빨아들이는데, 줄기의 물관에서 일어나는 모세관 현상 때문에 땅속의 물이 물관을 타고 올라가 식물의 구석구석까지 이동할 수 있지.

우리가 실험실에서 자주 사용하는 알코올램프의 심지가 알코올을 빨아올리는 것 역시 모세관 현상 때문에 가능한 일이야. 붓에 먹물을 묻히면 붓이 먹물을 머금는 것도 붓털에서 일어나는 모세관 현상 때문이지.

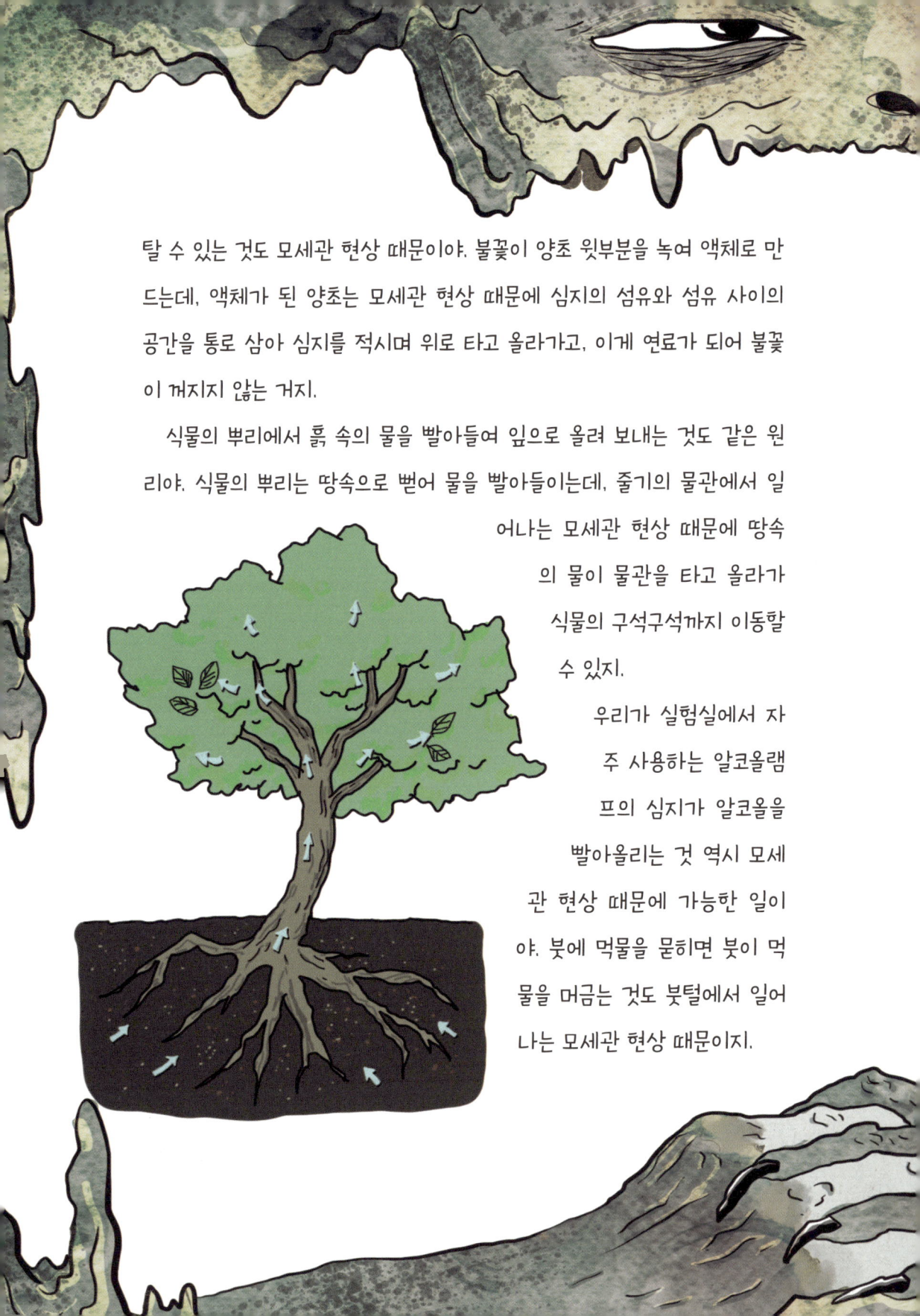

모세관 현상을 이용한 장난

원래 오므라들어 있던 종이꽃이 저절로 펴지고, 벌어진 종이꽃 안에 저주의 말이 써 있다면 사람들은 대부분 깜짝 놀랄 거야. 하지만 모세관 현상을 잘 알고 있다면 어떻게 그런 일이 생기는지 짐작이 가겠지.

종이를 현미경으로 보면 가늘고 긴 실 모양의 섬유가 얽혀 있어. 그런데 종이를 물에 살짝 담그면, 모세관 현상 때문에 물이 섬유가 얽힌 사이사이의 좁은 공간을 통로 삼아 빨려 올라가게 돼. 이렇게 섬유가 물기를 머금으면서 점점 부풀고, 종이꽃의 접은 면이 점점 펴지게 되어 자연스레 꽃잎이 벌어지지. 그러니까 저절로 핀 종이꽃의 저주 역시 괴담이 아니야. 과학 지식이 많은 누군가가 학교에 떠도는 괴담을 이용해 꾸민 못된 장난일 뿐이지.

반짝 상식

우주에서 적합한 필기도구는 붓펜?

한국 최초의 우주인 이소연 박사는 국제 우주 정거장에서 글씨를 쓸 때 주로 붓펜을 사용했어. 우주에는 지구와 같은 천체가 물체를 끌어당기는 힘인 중력이 없어. 그래서 잉크가 아래로 흐르지 않아 일반적인 볼펜을 사용할 수 없어. 하지만 붓펜은 붓털이 유연하고 가느다란 섬유로 만들어져 있어서, 이 섬유가 모세관 현상을 통해 잉크를 펜 끝까지 전달하지. 그래서 중력이 없는 우주에서도 사용할 수 있다고 해.

제 3 장
공포의 거대 귀신

"왕따 귀신이 장심술에게 저주를 내린 거야. 틀림없어. 이번엔 내 차례가 확실해."

최일진은 아침에 등교하면서 만난 박기담에게 떨리는 목소리로 말했어요.

"설마! 근데 너 정말 장심술이랑 같이 애들을 왕따 시켰어?"

박기담의 물음에 최일진의 얼굴이 일그러졌어요.

"사실 나도 장심술이 무서워서 그냥 시키는 대로 한 것뿐이야. 그러다가 나도 모르게 매일매일 애들을 괴롭히는 게 습관이 되어 버렸지. 이제 와서 소용없지만, 나의 잘못된 행동이 정말 부끄럽고 후회스러워. 그나저나 나 어떡해? 무서워 죽겠어."

최일진은 귀신의 저주가 두려운지 잔뜩 겁에 질려 있었어요. 장심술은 저절로 핀 종이꽃에 쓰인 저주의 말에 기겁하여 오늘은 아프다는 핑계로 아예 학교에 나오지 않았지요.

"너무 걱정하지 마. 별일이야 있겠어? 어쨌든 조심하고."

나수재한테 입단속을 부탁받은 박기담은 최일진에게 이 말밖에 해 줄 수 없었어요.

그날 오후, 박기담은 여느 때처럼 학원 공부를 끝내고 서둘러 집으로 돌아가고 있었어요. 저녁 9시를 넘은 시각, 주위는 깜깜했지요. 그때였어요.

"으아악!"

갑자기 골목에서 엄청난 비명이 들리더니 누군가 허둥지둥 뛰쳐나왔어요. 최일진이었어요.

박기담은 다급히 최일진을 잡아 세웠어요.

"최일진, 왜 그래? 무슨 일이야?"

"귀, 귀, 귀신!"

최일진은 말을 더듬으며 손가락으로 골목을 가리켰어요. 박기담은 귀신이라는 말에 정신이 번쩍 들어 잽싸게 골목 안으로 뛰어 들어갔어요. 그러나 골목을 다 지날 때까지 아무것도 발견하지 못했지요. 박기담은 허탕을 치고 최일진 쪽으로 돌아와서 투덜거렸어요.

"뭐야? 귀신은커녕 개미 새끼 한 마리 없는데?"

"아니야, 분명히 봤어. 엄청나게 커다란 귀신이 스르륵 내 쪽으로 달려들었다니까! 믿어 줘. 정말이야."

최일진은 겁을 잔뜩 집어먹은 나머지 온몸을 사시나무 떨듯이 덜덜 떨었어요. 박기담은 최일진의 어깨를 가만가만 도닥이며 혼잣말로 중얼거렸어요.

"거참, 귀신이 곡할 노릇이네."

최일진은 두려움에 빠진 나머지 다음 날부터 아예 학원을 빠

지기로 했어요. 다행히 학교는 나왔지만, 학교에 있는 내내 불안한 모습을 감추지 못했지요. 박기담과 나수재는 점심시간에 최일진을 불러냈어요. 핼쑥해진 최일진은 두 사람에게 전날 밤 일을 더듬더듬 털어놓았어요.

"그 골목길은 학원이 끝나고 집으로 돌아갈 때 늘 다니는 익숙한 길이야. 근데 어제는 이상하게 골목이 좀 어두컴컴하더라고. 그래서 조심조심 걷고 있었는데, 모퉁이로 막 접어들려는 순간 갑자기 골목이 환해지는 거야. 그러더니 히히히히 하는 귀신 소리와 함께 덩치가 아주 커다랗고 시커먼 귀신이 서서히 나한테 다가왔어."

"그랬구나. 진짜 무서웠겠다."

박기담은 부드러운 말투로 최일진을 진정시키려 애썼어요. 최일진은 눈물을 글썽이며 대꾸했지요.

"정말 무서웠어. 도망쳐 나온 것까지는 기억이 나는데, 그다음은 생각이 잘 안 나."

"너무 무서우면 그럴 수도 있어."

나수재도 부드러운 목소리로 최일진을 위로했어요. 박기담은 최일진을 애처롭게 쳐다보며 물었어요.

"그럼 도망치다 나를 만난 거야?"

"응, 너를 만나서 정말 다행이었어. 후유, 지금도 그 생각만 하면 나도 모르게 온몸이 마구 떨리고 가슴이 벌렁벌렁 뛰어. 어제는 가위에 눌려 잠도 제대로 못 잤어."

"진정해. 이제 괜찮을 거야."

"괜찮긴 뭐가 괜찮아? 내가 본 건 왕따 귀신이 틀림없어. 나한테 저주를 내리러 나타난 거라고. 흑, 나 어떡해! 언제 또 왕따 귀신이 나타날지 몰라 불안해 죽겠어."

나수재와 박기담은 울부짖는 최일진을 겨우 달래고 교실로 돌아왔어요.

"딩동댕동~"

점심시간이 끝났음을 알리는 종소리가 울렸지만, 나수재는 여전히 턱에 손을 괸 채 곰곰 생각에 잠겨 있었어요. 나수재는 5교시 수업도 듣는 둥 마는 둥 하더니, 뭔가 깨달았는지 수업이 끝나자마자 벌떡 일어서며 소리쳤어요.

"이 세상일은 모두 과학으로 설명할 수 있어!"

반 아이들이 깜짝 놀라 나수재를 쳐다봤어요. 박기담이 나수재에게 얼른 다가왔어요.

"뭐야? 진실을 알아낸 거야?"

박기담의 목소리는 들떠 있었어요. 나수재는 고개를 끄덕이며 대답했어요.

"응, 근데 너한테 설명하기 전에 해야 할 일이 있어."

나수재는 서둘러 2반으로 달려갔어요. 박기담도 허겁지겁 뒤를 따랐지요. 2반으로 달려간 나수재는 최일진을 다시 불러냈어요.

"아까는 네가 너무 무서워해서 못 한 이야기가 하나 있어. 지금은 좀 진정됐을 것 같아 다시 왔는데, 들어 볼래?"

"뭔데?"

최일진이 불안한지 목소리를 떨었어요. 나수재는 조심스레 이야기를 꺼냈어요.

"너도 걱정했지만, 한번 나타난 귀신은 귀신 쫓는 의식을 하지 않으면 평생 쫓아다닌대."

"정말? 그럼 이제 난 죽는 거야? 흑흑."

최일진이 얼굴을 일그러뜨리며 왈칵 눈물을 쏟았어요.

"무슨 소리야? 네가 죽긴 왜 죽어. 귀신 쫓는 의식을 하면 되지. 아무한테도 말한 적은 없지만, 내가 귀신 쫓는 비법을 알고 있거든. 만약 네가 내 말대로 하면 귀신을 쫓아 줄 수도 있는데……. 어떡할래?"

"어떡하긴. 무조건 네가 시키는 대로 다 할게."

최일진은 지푸라기라도 잡는 심정으로 나수재의 손을 꼭 잡았어요. 나수재는 최일진의 손을 토닥거리며 차분하게 말했어요.

"좋아. 그럼 무섭겠지만 오늘 한 번만 더 학원에 가 줘. 집으로 돌아갈 때는 반드시 귀신을 봤던 그 골목길로 가고. 나랑 박기담이 너를 지켜볼 테니, 너무 걱정하지는 마."

"아, 알았어. 근데 정말 그렇게만 하면 돼?"

최일진이 간절한 얼굴로 나수재를 바라보았어요. 나수재는 힘차게 고개를 끄덕이며 대답했어요.

"그럼, 나만 믿어. 내가 귀신 쫓는 비법으로 왕따 귀신을 확실히 쫓아 줄게."

박기담은 나수재 옆에서 귀를 기울이다가 내심 깜짝 놀랐어요.

'귀신 쫓는 비법? 그럼 최일진이 골목에서 본 게 진짜 왕따 귀신이었단 말이야? 우아, 이게 웬 횡재람? 오늘 밤에는 진짜 귀신을 볼 수 있겠네?'

박기담의 마음은 왕따 귀신을 볼 수 있다는 생각에 벌써부터 설레기 시작했답니다.

그날 밤, 최일진은 학원에서 나와 두려운 얼굴로 어두컴컴한 골목길을 향해 걸어갔어요. 조심스레 골목 어귀로 들어간 최일진은 무서운 마음을 억누르는 듯 살금살금 걸었지요. 최일진이 막 모퉁이로 접어들 때였어요. 지난번과 똑같이 갑자기 골목이 환해지더니, 히히히히 하는 웃음소리와 함께 시커멓고 커다란 귀신이 모습을 드러냈어요.

"으아악!"

최일진은 날카로운 비명을 지르며 그 자리에 풀썩 주저앉았어요. 그러나 시커먼 귀신은 최일진의 비명에도 아랑곳하지 않고 점점 더 최일진 쪽으로 다가왔지요. 그때였어요. 최일진을 조금 떨어져 뒤따르던 나수재가 그 모습을 보자마자 들고 있던 스마트폰에 대고 소리쳤어요.

"박기담, 지금이야!"

말을 마친 나수재는 지체 없이 골목 모퉁이를 홱 돌았어요. 그러자 누군가 골목 반대편으로 후다닥 달려갔어요. 하지만 반대편 골목에서 대기하다 나수재의 연락을 받고 골목 모퉁이를 홱 도는 박기담이랑 딱 마주치고 말았답니다.

"이얍!"

박기담의 힘찬 기합이 공중을 갈랐어요. 뒤이어 박기담이 주 무기인 태권도 발차기로 달려오는 사람을 정확히 찼어요. 그 사람은 헉 하는 소리와 함께 쭉 뻗어 버리고 말았어요. 박기담이 뻗어 버린 사람의 얼굴을 확인하고 화들짝 놀라 소리쳤어요.

"어머, 이게 누구야? 부당해잖아!"

박기담과 나수재가 힘을 합쳐 잡은 사람은 바로 최일진과 같은 반인 데다 같은 학원에 다니는 부당해였던 거예요. 막상 왕따 귀신의 정체가 드러나자 박기담과 나수재는 당황스러웠어요. 하지만 나수재는 얼른 생각을 정리했어요.

"난 최일진한테 가 볼게."

나수재는 반대쪽 골목 모퉁이에 있을 최일진을 향해 잽싸게 뛰어갔어요. 최일진은 얼굴을 무릎에 파묻고 두 손으로 감싼 채 여전히 그 자리에 주저앉아 덜덜 떨고 있었어요.

"최일진, 괜찮아?"

나수재는 울고 있는 최일진의 어깨를 토닥토닥 두드려 주었어요.

"엉엉엉. 너도 봤지? 분명히 왕따 귀신이잖아."

최일진의 말에 나수재는 고개를 끄덕이며 말했어요.

"응, 네 말이 맞아. 얼마나 크고 무섭던지, 나도 깜짝 놀랐어.

지금은 잠시 귀신을 꼼짝 못 하게 가둬 두었는데, 언제 다시 튀어나올지 몰라. 이따가 귀신 쫓는 의식을 할 텐데, 네가 이곳에 있는 걸 알면 왕따 귀신이 틀림없이 해코지할 거야."

"저, 정말? 그럼 어떡해?"

최일진의 얼굴이 새파랗게 질렸어요.

"귀신 쫓는 의식을 하기 전에 얼른 집으로 돌아가면 되지. 다만, 이 골목길 말고 다른 길로 가야 해. 나랑 박기담은 곧 귀신 쫓는 의식을 해야 해서 데려다줄 수 없는데, 혼자 갈 수 있겠어?"

나지막하면서도 단호한 나수재의 목소리에 최일진은 닭똥 같은 눈물을 뚝뚝 떨구면서도 고개를 끄덕였어요.

최일진을 집으로 돌려보낸 나수재는 얼른 박기담과 부당해가 있는 반대쪽 골목길로 되돌아갔어요. 박기담과 정신을 차린 부당해가 담벼락에 등을 기댄 채 아무 말 없이 먼 하늘만 바라보고 앉아 있었어요. 나수재가 부당해의 옆에 앉자, 부당해가 담담한 얼굴로 물었어요.

"어떻게 알았어?"

"오늘 최일진의 이야기를 듣고 금방 알았지. 골목길 귀신은 빛과 그림자를 이용한 간단한 속임수였음을 말이야."

나수재가 살짝 허풍을 떨며 말했어요. 그러자 옆에 있던 박기담이 이해가 안 가는 표정을 지었어요.

"빛과 그림자를 이용한 속임수라니, 그게 대체 무슨 말이야?"

"빛은 태양이나 전등 같은 광원에서 나와 사방으로 곧게 나아가. 이렇게 빛이 곧게 나아가는 성질을 '빛의 직진'이라고 하지. 이때 직진하는 빛이 물체를 통과하지 못하면 물체 모양과 비슷한 그림자가 물체의 뒤쪽에 생겨."

나수재의 설명에 박기담이 아는 척을 했어요.

"아하! 그래서 햇빛이 비치는 낮에는 물체 주변에 그림자가 생기지만, 구름이 햇빛을 가리면 물체 주변에 생겼던 그림자가 사라지는구나. 그림자는 빛이 물체를 비출 때에만 생기니까 말이야."

"오호, 이해가 빠른데? 그런데 그림자는 빛과 물체 사이의 거리가 달라지면 크기가 달라지기도 해."

"정말?"

박기담이 눈을 크게 떴어요. 나수재는 안경을 살짝 밀어 올리며 대답했지요.

"그럼. 예를 들어 빛을 내는 손전등은 그대로 두고 물체를 손전등에 가깝게 하면 그림자의 크기가 커지고, 물체를 손전등에서 멀게 하면 그림자의 크기가 작아져."

"거참, 신기하네. 근데 그게 왕따 귀신이랑 무슨 상관이야?"

"아주 밀접하게 상관있어. 왕따 귀신 사건의 전말은 이래. 빛과 그림자의 관계에 대해 잘 아는 부당해는 긴 머리 가발을 쓰고 귀신처럼 꾸몄어. 그런 다음 최일진이 골목길로 접어들자 이쪽 담벼락 쪽에 놓은 손전등에 점점 가까이 다가갔지. 그 결과 반대쪽 담벼락에 비친 귀신 모양의 그림자가 점점 커졌고, 이 모습을 최일진이 본 거야. 저절로 펴진 종이꽃의 저주로 겁에 질려 있던 최일진은 그 그림자를 왕따 귀신이라고 지레짐작했고, 놀라서 골목

밖으로 뛰쳐나온 거지."

나수재가 씁쓸한 표정으로 설명을 마쳤어요. 부당해는 나수재의 말을 시인하듯 아무 말도 하지 않았어요.

"부당해, 나수재의 말이 사실이야?"

박기담이 얼굴이 벌게져서 소리쳤어요. 부당해가 힘없이 고개를 끄덕였어요.

"아니, 왜? 너는 원래 이런 애가 아니었잖아. 네가 왜 이런 일을 꾸민 거야? 도대체 이유가 뭔데? 피 흘리는 변기랑 저절로 펴진 종이꽃의 저주도 전부 네가 한 짓이야?"

박기담은 감정이 북받쳐 오르는지 눈물을 머금은 채 떨리는 목소리로 물었어요. 그 모습을 본 부당해는 눈물을 펑펑 쏟으며 자신이 왜 이런 일을 벌이게 되었는지 자초지종을 털어놓았어요.

"그래, 전부 내가 꾸민 일이야. 사실 그동안 난 장심술과 최일진에게 따돌림을 당했어. 처음엔 반 아이들 몇몇이 내 편을 들어주었는데, 장심술과 최일진이 걔들까지 힘들게 하니까 점차 아무도 나를 도와주지 않았지. 게다가 조금이라도 나랑 친한 아이가 있으면, 장심술과 최일진은 그 애까지 괴롭혔어. 그러다 보니 어느 날부터 우리 반 아이들 대다수가 나를 피해 다니고, 내가 괴롭힘을 당해도 모른 척하더라고."

"네가 그런 일을 당했을 거라고는 상상도 못 했어."

박기담은 생각지도 못한 부당해의 대답에 큰 충격을 받은 나머지 멍한 표정을 지었어요. 부당해는 모든 것을 체념한 듯 건조하고 쓸쓸한 웃음을 지으며 말을 이었어요.

"정말 하루하루가 지옥 같았어. 학교에 가기 싫어서 어떤 핑계를 대고 학교를 빠질지 날마다 고민했지."

"근데 왜 어른들한테 말하지 않았어? 그렇게 힘들었으면서 어떻게 아무한테도 알리지 않았느냐고! 엉?"

박기담은 안타까움이 섞인 목소리로 물었어요.

"부모님한테 말씀드리지 못한 이유는 보복이 두렵고 걱정 끼쳐 드리기 싫어서였어. 딱 한 번, 학교가 마음에 들지 않는다고 전학을 보내 달라고 했었는데, 그 이유를 하도 꼬치꼬치 캐묻는 바람에 그냥 괜찮다고 얼버무리고 말았어."

이번에는 나수재가 끼어들었어요.

"그럼 선생님한테는 왜 말씀드리지 않았어?"

"선생님한테는 한 번 말씀드렸어. 하지만 싸우지 말고 사이좋게 지내라는 말씀뿐이셨지. 장심술과 최일진은 공부도 잘하는 데다,

선생님이나 어른들 앞에서는 말을 엄청 잘 듣는 모범생처럼 행동했거든."

부당해는 허공에 시선을 준 채 차분하게 대답했어요. 오히려 박기담이 잔뜩 화가 나서 버럭 소리를 질렀어요.

"허, 정말 어처구니없네! 어른들의 눈에는 장심술과 최일진의 위선적인 모습이 안 보였던 걸까?"

"글쎄, 모르겠어. 하여튼 난 장심술, 최일진의 괴롭힘과 우리 반 아이들의 방관 때문에 학교 가는 것이 점점 더 고통스러웠어. 그래서 나의 힘든 상황을 '칭구칭구' 사이트의 '고민 있어요'에 올렸지. 근데 어느 날 '마술사'라는 대화명을 가진 사람으로부터 대화 초대를 받았어. 마술사는 나를 괴롭히는 장심술, 최일진과 그 아이들의 괴롭힘을 방관하는 우리 반 아이들을 혼내 줄 방법을 알고 있다며, 세 가지 속임수를 알려 주었어. 그날따라 장심술이 일부러 내 미술 작품을 망치는 바람에 짜증이 났던 터라, 마술사가 가르쳐 준 대로 이 일들을 꾸몄지."

"그럼 이번 일은 모두 마술사라는 대화명을 가진 사람의 계획이고, 너는 시키는 대로 한 것뿐이야?"

나수재의 목소리가 높아졌어요.

"맞아. 내가 잠시 정신이 나갔었나 봐. 정말 미안해. 내가 잘못했어. 흑흑!"

부당해는 자신의 잘못을 깊이 반성하며 굵은 눈물방울을 뚝뚝 떨어뜨렸어요. 박기담은 나수재를 살짝 흘겨본 뒤, 부당해의 등을 토닥이며 달래 주었어요.

"집단 따돌림은 엄연한 범죄야. 왕따를 당한 건 네 잘못이 아니라고. 너는 뭐든지 친구들한테 양보하는 착한 아이였어. 그런데 착하다고 오히려 너를 괴롭히다니, 장심술과 최일진이 나쁜 녀석들이야! 부당해, 상처받았다면 빨리 잊어버려."

"그래, 얼른 잊어버리고 기운 내. 물론 네가 마술사라는 사람의 말만 듣고 이런 일을 벌인 건 잘못이지만, 네가 얼마나 고통스러웠을지 생각하면 한편으론 이해가 돼. 하지만 나쁜 일을 했다는 건 알고 있지?"

나수재도 따듯한 목소리로 위로하고는, 연이어 부당해의 옳지 않은 행동에 대해 점잖게 나무랐어요. 그러자 박기담이 울컥하며 반발했어요.

"야, 나수재! 너무 몰아붙이지 마. 부당해가 지금 자신의 잘못을 깨닫고 깊이 뉘우치고 있잖아. 그리고 잘 생각해 봐. 만약 우리도 부당해와 같은 처지였다면, 부당해와 똑같은 선택을 했을지도 몰라."

"맞아, 그랬을지도 모르지."

웬일로 나수재가 박기담의 의견에 순순히 동의했어요. 박기담은 논리로 나수재를 설득할 수 없음을 알고, 애절한 눈빛으로 나수재를 바라보며 감정에 호소했어요.

"그러니까 학교 괴담을 꾸민 사람이 부당해라는 사실은 우리만 알고 다른 아이들에겐 말하지 말자. 어차피 시간이 지나고 아무 일도 일어나지 않으면 아이들은 학교 괴담 따위 금방 잊어버릴 거야. 일부러 아이들에게 진실을 알려서 부당해를 힘들게 할 필요가 있을까? 우리만 입 다물고 있으면 되잖아."

나수재가 작게 한숨을 쉬며 고개를 끄덕였어요.

"휴, 알았어. 나도 그렇게 인정이 메마른 녀석은 아니거든?"

나수재와 박기담은 힘이 쭉 빠진 부당해를 집에 데려다주고는 터덜터덜 걸었어요.

"휴, 정말 긴 하루였어. 부당해는 이제 괜찮겠지?"

말없이 걷던 박기담이 나수재에게 말을 건넸어요. 나수재는 잠시 멈춰 서서 밤하늘을 올려다보며 대답했어요.

"글쎄, 괜찮겠지. 다만, 시간이 필요할 거야. 그것보다 걱정되는 게 있어."

"뭔데?"

박기담이 불안한 표정으로 나수재를 바라보며 물었어요.

"네 말대로 시간이 지나면 아이들은 학교 괴담을 잊을 거야. 그럼 장심술과 최일진도 다시 아이들을 괴롭히지 않을까?"

"무슨 소리야? 그렇게 되도록 내버려 둘 수는 없어."

박기담이 자기도 모르게 두 주먹을 불끈 쥐며 말했어요.

"맞아! 그럼 이렇게 하면 어때?"

나수재가 이 말을 시작으로 자신의 계획을 늘어놓았어요. 박기담은 힘주어 고개를 끄덕였어요.

나수재는 집으로 돌아와 장심술과 최일진을 대화방으로 초대했어요. 그리고 그동안 벌어진 일을 조사해 보니 믿을 수 없지만 모두 왕따 귀신의 저주였고, 너희가 친구들을 괴롭히는 바람에 생긴 일이라고 간단히 설명했지요. 괴담의 당사자였던 두 사람은 아무 의심 없이 그 말을 믿었답니다.

'왕따 귀신은 귀신 쫓는 의식을 치러서 무사히 저승으로 돌려보

냈어. 어찌나 원한이 깊던지 너희가 다시는 친구들을 괴롭히지 않을 거라고 내가 대신 약속하고서야 겨우겨우 돌려보낼 수 있었어.'

그리고 나수재는 다음과 같이 덧붙였어요.

'이제 귀신도 안 나타나고, 저주 따위도 없을 거야. 안심해도 좋아. 다만 너희가 다시 친구들을 괴롭힌다면, 귀신과의 약속을 어긴 셈이기 때문에 귀신의 저주가 다시 시작될 거야. 그땐 나도 도와줄 수 없어. 그러니 약속은 꼭 지키는 게 좋을 거야!'

잘 해결됐다는 말에 장심술과 최일진은 안도의 한숨을 내쉬며 비장한 각오로 대답했어요.

'휴, 다행이다. 고마워. 약속은 꼭 지킬게.'

'나도 앞으로는 절대 친구들을 괴롭히지 않을 거야.'

하지만 대화방을 나온 나수재의 마음은 편치 않았어요. 학교를 발칵 뒤집어 놓은 괴담이 사실은 과학의 원리를 이용한 속임수였음을 밝혀냈지만, 마술사의 정체는 알아내지 못했기 때문이에요. 나수재는 찜찜한 마음을 억누르며 다짐했어요.

"아무리 좋은 의도였다지만, 다른 사람을 괴롭히는 데 과학 원리를 사용하다니……. 절대 용서할 수 없어. 마술사, 반드시 너의 정체를 밝혀내고야 말겠어!"

빛과 그림자

그림자란?

 '그림자'는 불투명한 물체가 빛을 막아서 생기는 어두운 부분이야. 그림자가 생기려면 빛이 필요해. 빛을 내는 것으로는 태양을 비롯해 별, 전등, 촛불 등이 있는데, 이를 '광원'이라고 불러. 광원에서 나온 빛은 돌아가거나 구불구불 가지 않고, 사방으로 곧게 나아가. 이렇게 빛이 곧게 나아가는 성질을 '빛의 직진'이라고 해.

 빛이 곧게 나아가다가 물체를 만나 빛이 통과하지 못하면 물체의 뒤쪽에 그림자가 생겨. 그런데 빛이 어떤 물체를 만나느냐에 따라 그림자의 진하기가 달라지지. 빛이 도자기 컵, 책, 손과 같은 불투명한 물체를 만나면 빛이 통과하지 못하기 때문에 진하고 선명한 그림자가 생겨. 하지만 빛이 유리컵, 무색 비닐, OHP 필름과 같은 투명한 물체를 만나면 빛이 대부분 통과하기 때문에 연하고 흐릿한 그림자가 생기지.

그림자의 모양

그림자의 모양은 보통 물체 모양과 비슷해. 그러나 입체인 물체를 평면 위에 나타낸 것이기 때문에 그림자 모양이 항상 똑같지는 않아. 물체를 놓은 방향이 바뀌면 그림자가 물체 모양대로 생기기도 하고, 물체 모양과 다르게 생기기도 해. 예를 들어 손잡이가 있는 도자기 컵을 돌려 방향을 바꾸면 여러 가지 모양의 그림자가 생겨.

물체의 방향에 따른 그림자 모양

또한 그림자의 모양은 광원의 방향에 따라 달라지기도 해. 원기둥 모양의 물체에 빛을 위쪽에서 비추면 원 모양의 그림자가 생기지만, 빛을 옆쪽에서 비추면 직사각형 모양의 그림자가 생기지.

그림자의 크기

그림자의 크기는 조건에 따라 변하기도 해. 예를 들어 손전등과 스크린을 사용해 물체의 그림자 크기를 변화시키는 실험을 할 수 있어. 물체와 스크린을 그대로 두었을 때 손전등과 물체 사이의 거리를 변화시키면 그림자의 크기가 달라져. 손전등을 물체에 가깝게 하면 그림자의 크기가 커지고, 손전등을 물체에서 멀게 하면 그림자의 크기가 작아지지.

스크린과 손전등을 그대로 두었을 때 손전등과 물체 사이의 거리를 변화시켜도 그림자의 크기가 달라져. 물체를 손전등에 가깝게 하면 그림자의 크기가 커지고, 물체를 손전등에서 멀게 하면 그림자의 크기가 작아지지.

손전등을 물체에 가깝게 하면 그림자의 크기가 커진다.

손전등을 물체에서 멀게 하면 그림자의 크기가 작아진다.

그러나 태양 빛은 물체의 위치에 따라 그림자의 크기가 거의 변하지 않아. 그 이유는 태양과 물체 사이의 거리가 매우 멀기 때문에 물체와 스크린 사이의 거리 변화가 그림자에 영향을 끼치지 않기 때문이지.

그림자의 크기 변화를 이용한 장난

어두컴컴한 골목길을 걸어가는데 갑자기 거대한 검은 그림자가 자신에게 다가온다면, 누구라도 귀신이라 생각하고 깜짝 놀랄 거야. 그러나 빛과 물체 사이의 거리를 조절하여 그림자의 크기를 변하게 할 수 있다는 사실을 안다면 그리 놀라지는 않겠지?

부당해는 빛과 물체 사이의 거리를 다르게 하면 그림자의 크기가 달라진다는 사실을 알고 있었어. 최일진이 골목길로 접어들자 부당해는 적당한 곳에 놓아둔 손전등에 가까이 다가갔고, 반대쪽 담벼락에 비친 귀신 모습의 그림자가 점점 커졌지. 저절로 펴진 종이꽃의 저주로 겁에 질려 있던 최일진은 그 그림자를 왕따 귀신이라고 지레짐작하고 놀란 거야. 공포의 거대 귀신 역시 과학 지식에 해박한 사람이 꾸민 악의적인 장난일 뿐이야.

반짝 상식

손가락 그림자놀이

잠이 안 올 때 할 수 있는 놀이가 있어. 바로 손가락 그림자놀이야. 불을 끄고 손전등과 손가락만으로 재미있는 동물 그림자를 만들 수 있거든. 손전등과 손가락 사이의 거리를 다르게 해서 그림자의 크기를 변하게 하면 더 재미있겠지? 몇 가지의 동물 그림자만 만들 수 있어도 친구들 사이에서 꽤 유명해질 거야.

괴담 잡는 과학 특공대
① 수상한 학교

제1판 제1쇄 발행일 2023년 8월 25일

김수주 기획 | 조인하 글 | 나오미양 그림

펴낸이·곽혜영 | 편집·박철주 | 외주편집·김수주 | 디자인·소미화 | 마케팅·권상국 | 관리·김경숙
펴낸곳·도서출판 산하 | 등록번호·제2020-000017호
주소·03385 서울특별시 은평구 연서로26길 27, 대한민국
전화·02-730-2680(대표) | 팩스·02-730-2687
홈페이지·www.sanha.co.kr | 전자우편·sanha0501@naver.com

ⓒ 조인하. 나오미양. 김수주 2023

ISBN 978-89-7650-590-3 74400
ISBN 978-89-7650-589-7 (세트)

* 이 책은 저작권법에 따라 보호받는 저작물이므로 무단 전재와 무단 복제를 금합니다.
* 8세 이상 어린이를 위한 책입니다.